Como la una

Josefina Báez

Como la una Como uma © Josefina Báez
Traducción al portugués Marcio Abreu
con S. Regina Castro.
Fotos Jorge Lara
ISBN -13 978-1-882161-20-1
Ay Ombe Theatre /I. Om. Be. Press
P.O. Box 1387 Madison Square Station New York, NY
10159

Dedicado a Mi Maestro Espiritual,
Swami Guru Devanand Saraswati Ji Maharaj,
Mi familia, Ay Ombe Theatre, los Constantes.
Y a ti.

Hermana gemela de "Comrade, Bliss
ain't playing" (Canto de plenitud),
Como la Una se viste del canto del alma.
Su poesía incluye cuentos de siempre, compartidos
hoy.
Su soliloquio está basado
en lo vital y extraordinario,
de lo posible y cotidiano.

Como la una

Como quiera hablan.
Como quiera dicen.

"La madre, la hija y el burro".

Hay un solazo, un sol que pica.
La hija va al lado de la madre y la madre va al lado
del burro.
Hay solazo, un sol que pica.
Ellas caminan, caminan, caminan, caminan.
El burro trota. Los tres con la rapidez del
domingo.
Hay un solazo, un sol que pica.
Quienes las ven les gritan: "Las mujeres no usan la
cabeza. Llevan el burro como arete, lo tienen de
biqüi. ¡Qué bobas!".

Se suben las dos al burro.
"Van a explotar a ese pobre animal, abusadoras.
Las mujeres si son abusadoras".
La hija se queda en el lomo del burro.
La madre camina al lado.
Los que critican y no mantienen, pitan y repitan
para hacerse notar y anotar el consejo no pedido:
"Esa mujer no sabe criar; esa mai no le está
enseñando a esa hija a ser considerada con los
mayores, después le pesará, después se quejará".
Hay un solazo. Un sol que pica.
Ahora la madre va en el burro y la hija camina a
su lado.
Y no son ni uno ni dos, los que vocean la supuesta
cachaza de la madre, el infanticidio. "¿Qué clase de
mai e' esa?".
Hay un solazo. Un sol que pica.
La madre, la hija y el burro siguen caminando.
Hay un sol. Un sol. Un sol que pica.

Como quiera hablan. Como quiera dicen.

Cuando nací, un conocido dijo:
"hembra. ¡Qué pena!"
¿Usted haya?   Contesté.
Esa misma tarde pedían a todos los nacidos del
mes de enero a ser registrados para un
experimento dudoso y no necesario.
Solo a los varones.
El mismo conocido decía en la noche

"¡Que suerte tiene la muchachita!
Nació como la auyama"
¿Usted haya?
Crecía. Crecía con una flor de auyama también en
la cabeza, que alegraba a los muchos moñitos que
me hacían en mis cabellos.
"Si no fuera por esos cabellos tan 'malos', fuera
una negrita bonita".
Ataca de nuevo el conocido.
¿Usted haya?

En mis días y en mis noches mis cabellos crespos,
al natural,
y sin maldad ninguna, no añaden ni quitan belleza.
Así me casé.
"Felicitaciones. ¡Qué bueno!" me dice el conocido.
¿Usted haya?
No tendré hijos.   "Ay, eso sí que es una
calamidad"
¿Usted haya?
O moría en el parto o a los 18 años el hijo me
mataba con la indiferencia,
con la violencia de su juventud o los mandamientos
de sus tiempos.
Me divorcie.
"¡Qué pena! El matrimonio hay que mantenerlo a
toda costa".
De quien me divorcié era mentiroso, irresponsable
e infiel.
Entonces.   ¿Usted haya?

Entendí.
Entendiste.
Si es que en verdad entendemos…
entendemos diferente.

La decisión estaba siempre posándose en el
teorema de Godel y en el efecto de la mariposa.
Entre un sistema completo pero inconsistente.
O uno incompleto pero constante.
Preferí lo incompleto.
Preferí lo constante.
Cierto que una mariposa que bailaba en
Pengosekan, Bali,
ayudaba a mi reflexión; al ritmo vital
en los pasos de mi baile.
Yo bailando aquí en Nueva York.

Yo bailando allá en La Romana.

Yo bailando.

Yo.

Conversando con el cielo,
volaba de un batey a otro.
Confirmaba mis pasos en el camino.
Algo que no hice me concedió la experiencia que
no da recuerdos. Que no se queda en el pasado.

Viaje sin mañana.
Viaje sin ayer.
Algo que hice me evitó tus límites.
Tus miedos.
Todas las cosas han seguido igual.
Yo,
yo me estoy transformando.

Esta parte de la historia se la oí a mi Gurú.
Estaba un Maestro en las orillas de un río.
Vio que un escorpión se estaba ahogando.
Con su mano izquierda lo llevó a la orilla.
En el camino a la orilla el escorpión le picó.
La sorpresa y la molestia de la picadura a la mano
hacen que el escorpión caiga, sin lastimarse, en la
orilla.
Y vuelve al río. Y vuelve a casi ahogarse.
Y vuelve el Maestro a salvarlo.
Y él vuelve y le pica.
Y vuelve a la orilla. Y vuelve a casi ahogarse.
Y vuelve el Maestro a salvarle.
Esto se repitió muchas veces.
Tantas veces que el tiempo mismo se detuvo a
contemplar lo que ocurría.
Así lo hicieron también otros seres que no se ven.
El sol, la luna
y también las estrellas .

Un alumno del Maestro, ya molesto de ver la
reacción del escorpión, le preguntó al Maestro que
por que seguía tratando en vano de salvar a esa
criatura con ponzoña.
Picar es su naturaleza.
La mía es amar.
Si digo algo extra, hablaría de más.

De todas formas, si no juego,
el juego no existe.
Así de fácil.
Así de contundente.

Lo mismo que le pasaba a la abuela Cherokee
me pasaba a mí.
La fuerza interna en su juego de dualidad,
multiplicaba su naturaleza en los adentros.
En los afueras.
El jueguito de la dualidad dividió al océano.
Bifurcó las aguas.
Entonces, había dos lobos dentro de mí en plena
lucha.
Uno negativo con estos apodos:
Envidia, rabia, pena, lamento, deseos, codicia,
arrogancia, culpa, resentimiento, mentiras, falso
orgullo, complejos de inferioridad,
complejos de superioridad,
ego,
miedos.

Y el positivo alias:
alegría, armonía, paz, amor, serenidad, humildad,
bondad, benevolencia, generosidad,
verdad, compasión, fe,
silencio,
plenitud.

Mi hija me preguntaba que quien ganaba.
Cielísima mía, miel de mis días, mi bien, prenda
azul, Susú,
solo ganó, gana y ganará al que
alimenté, alimento y alimentaré.
Simple.
Presentes, pasados, futuros…
simples.
Simple y sencillamente solo gana a quien nutro.
Vive solo a quien alimento.
Solo existe a quien le doy vida.

La inmensidad que es adentro,
para ejercitarla afuera es trabajo de jardineros,
cosmonautas, poetas, artesanos y ascetas.
Todos en un ser.
Todos en esa sola búsqueda.

Ando cursi.
Entregá.
Llegando a la nada.
Así teniéndolo todo.

A veces lo mejor de mí saca lo peor de los otros
Así parece   así perezco.
No siempre lo peor de afuera,
saca lo mejor de mis
adentros.

Delante de mí amamantaron a los
pequeños con las frustraciones,
no solo de sus padres,
sino de toda la familia, las del barrio,
las del pueblo, las del país,
las de todo el continente.
Y ya el pequeño traía las suyas.
Y se rebelaba.

Pero no solo con vomitar y eruptar se saca ese tipo
de veneno.
Entonces le toma toooooda la vida buscar el de
dónde vino, a qué vino y a dónde va.
Nos toma toda la vida.
Se le va la vida antes de sanarse.
Se nos va la vida.
No queda tiempo para la búsqueda vital.
Muriendo en cada intento.
Viviendo haciendo lo que no decidió.

¿Quién ha decidido por mí lo que quiero?
¿Mis gustos?
¿Quién?
¿Qué creó mi discernimiento?

Sería muy fácil encontrarlo todo en un libro,
en la moda, en la familia, en unas vacaciones,
en un solo país, en una religión, en una sola vida.
Sería muy fácil tomarse solo una pastilla y curarse.
Bañarse y realmente limpiarse.
No solamente fácil. Sería imposíble.

Y dentro, muy adentro…
Una palabra abrocha el cinturón para evitar que
las turbulencias sean accidentes fatales.
Todas las otras, son ojos de ciclón o ráfagas de
huracanes.
Hijos naturales de desastres ambientales.
La misma palabra agrupa la sinfonía necesaria
de caminos hacia sí.

Prendo en vida todas las velas
de mi muerte.
Todas las flores para esta anima,
ya han adornado mi cuerpo
y mi hogar.

Salí a tu encuentro.
Para entretener por un momento la soledad.
Necesito pocas horas de tu compañia para poder
seguir sin ti.
Hago mía tu tibieza.
Juego a las escondidas conmigo misma.
Reencontrandote.
En esas pocas horas del tú y yo.
Universos en cada instantes.
Descubro lunas de tres colores en la habitación.
Amanece y atardece.
Los colores del cielo también entraron a la
habitación.
Estos universos siguen multiplicándose.
Sonríen todas las fibras de tu alma.
Encandilando tus ojos.
Co-alquimista de esta intimidad que se abraza de
pétalos y sudores.
La devoción a cada segundo hace que ningún
tercero sea comensal invitado.
¿Será apropiado decirte las gracias hombre miel?

Reniego solo por ocio lo que tengo en el riñón.

El alma me recuerda vestirme solo con delinearme
los ojos con el carbón más negro.

Ahora parecen almendritas.
Sí, en mis ojos aparecen almendritas.
Así que me vestí con dibujar un par de
almendritas.
Así…Salí de tu encuentro
al sol.

Amor de lejos…
Amor de
tres.
Amor de cuatro.

Hoy quise cocinar algo que nunca había cocinado;
comer algo que nunca había comido y oír las
canciones que me sé de memoria.
Conseguí una canción que nunca había escuchado.
Y preparé los vegetales de siempre de forma
diferente.

Todo o casi todo lo que me dijeron fue mentira.
Solo repeticiones
de las repeticiones
de otras repeticiones.
Llenas de la ausencia de vivencia de esos credos.
Repeticiones vacías.
Interiores del tambor.

Repeticiones en automático.
Repeticiones de botella.
Mucho de lo que me enseñaron no se aplica.
No tomaron nunca en consideración
mi pequeñísima historia personal.
Todo lo que experimenté me enseñó mis
limitaciones y mis grandes posibilidades.

No hay queja.

No hubo   ni hay   quizás ni habrá
un problema en mi casa
que no se pudo evitar con el silencio.
No hubo   ni hay   ni habrá
un problema en mi casa que no se pueda evitar con
el silencio.
Se pudo evitar con el silencio.
Sí. Se puede.
El silencio que no se deja acompañar del sarcasmo
hecho canción.
Ni un silencio que remenea los ojos y baña de
ácido al pensamiento.
Mi silencio no es ese dedo que quiere tapar al sol.
Es ese dedo que lentamente dibuja al sol
en los contornos de los adentros.
Surce las complejidades.
Borda, juega, salta en punto de cruz.

Primero mostrándome las cadenetas de mi
responsabilidad en el hecho.
Sí, sí, sí las polaridades se tejen en el silencio.
La artesana es la que habla.
Sin obviarlas. Sin abusarlas.
Deshilachando todo el género.
Sus patrones como laberintos.
Sus diseños con toda la gama de colores,
sabores,
olores,
dolores.
Flores.
Con o sin espinas.
Dolores. Flores.
Convento con flores.
Las mías.
Deshojadas solo por un suspiro.
El mío.
Convento sin flores.
Justo el mío.
Recalcándome mi siempre complicidad
en cada hecho.
Dicho.
Hecho.
Por esta quien suspiró.
Por este quien suspiro.
Gimiendo.
Sin llorar.

En ningún valle de lágrimas.
Justo en una esquina del laberinto.
Justo ahí.
Abogada nuestra.
Justo juez.
En este destierro de nuestro tiempo.
A otro idioma.
Lugar.
Con otro tiempo.
Justo.
Justo en otro tiempo.
Justo sastre.
En el afamado
libre
albedrío.

Sigo caminando en vida acompañada del batallón
de mis muertos.
En vida muriéndome.
Ellos muertos en vida eterna.
Hasta un día.
Ni antes ni después.
Hasta un día.
Este día.
En el umbral de ilusión y verdad.
Mis hijos hoy lloran mi muerte.

No se dan cuenta todavía de que hoy en verdad
nacen a sus vidas.
Hoy que hablo y no me oyen.
Hoy.
Yo serena, en capilla ardiente.
Antes de arder
y llegar rápido a cenizas.
Hoy.
Mi muerte abre para mis hijos el horizontede par
en par.
Yo que he estado con ellos desde otros tiempos.
Sigo con ellos.
Ellos sin entender los tiempos.
Los tiempos hechos ciclos.
Tiempos cortados en migajas. De nuevo.
Tiempo que después del tiempo
desvela aún más tiempo.
Amaron cortándose sus alas.
Amaron viendo por mis ojos. Dejándose enrredar
por espejos y reflejos de un llamado amor.
Un llamado respeto.
Una llamada responsabilidad.
Que me quitó a mí de mí.
Y a ellos de ellos mismos.
Hoy serena lo palpo.
Hoy.
Aquí horizontal, me desdoblo verticalmente.
No hay forma de alterar el bucle.
"ternura y afan, dulce canto, regazo santo".
Reconozco que así fue mas fácil.
La corriente te lleva desde ayer hasta hoy.

Si me descuido, me regresa de nuevo
al mencionado bucle.
Las tarjetas ya imprimieron lo que supuestamente
hay que decir de pésame.
Solo aquí estando horizontalmente se concretizan
las dudas.
Ver la vida así, hecha toda razón, es de muerte.
Lo inevitable, el mismo horizonte, espera siempre
su tiempo.
Entrega a cada hijo su propio ciclo.
En pleno ejercicio de mi seguro de vida, muero.
Solo seguro la muerte.
Muero tranquila de que nunca exigí devoción.
Muero sin masticar culpabilidad alguna por haber
usado verbo de diosa y tomado toda la licencia y
beneficios correspondientes.
Ayer era mala. Machorra. Mala madre.
Hoy ni mala ni madre ni nada.
Nada.
Lloran.
Mira, lloran.
Lloran y no saben por qué.
En verdad lloran porque la excusa madre,
la excusa padre perece.
Entonces sin remedio entran oficialmente al
Siempre.
Y todo gozo es equiparado por su responsabilidad
correspondiente.
Sin yo poder ser más quien desvíe la parte más
aguda de la flecha.

Era hoy,
dia de mi muerte,
que menos queria compañia.
Cuando se acompañan los otros.
Sus sentimientos.
Sus miedos. Sus remordimientos.
Hoy con todos aquí,
Hoy, por estar todos aquí,
se me hará más difícil la primera noche de muerte.
En esa soledad sin espera ni seguridad de nadie.
En el Siempre,
antes y después de la vida.
Otra vida.
Donde yo soy tú.
Sin dualidad.
La misma dualidad que nos dejó experimentar
el juego aquí.
Agradecida con la oportunidad.
Pero aquí ya paré.
El juego en verdad es lo mismo
con más de lo mismo.
Entretenido.
Pero más de lo mismo.
Me voy y me quedo en el siempre.
Sin buscar inmortalidad.
La mirada en el después es tardía.
Innecesaria.
Sobra.

En el siempre somos uno.

Entonces,
es cierto, siempre estamos solos.
Hoy.
En la muerte que creen ver.
Hoy,
que se pertenecen a sus vidas.
Mis hijos.
Hoy sin excusas,
a pesar del gran amor.
Se vive tanto desde la muerte.
Hoy…
En el umbral de diferentes realidades
pauso y no recuerdo nada.
Ya la memoria cedió el turno a su gran posibilidad.
Aquí descubro cada segundo, como primero.
Extraordinario.
Como mismo es abajo es arriba.
Extraordinario caminar sin el piso acostumbrado.
Son tantos los mundos paralelos.

Saqué a pasear a las huellas de las
decisiones menores.

O a las decisiones mayores hechas con visión
pequeña.

Cierra las piernas.
Eres mujer.

Los ecos de las cosquillas son permanentes.
Es que definitivamente lo orgásmico tiene lo
cósmico.
Aquí me tienes
zambullida en el presente.
Satisfecha.
Sé de los límites del tiempo.
Del espacio.
Después del límite que creí saber,
encuentro más tiempo,
más espacio.
Sé que todo ha sido mi deseo.
Sé que todo lo he creado.
El deseo solo genera otro deseo.
Cadenitas dulces que engendran cadenitas
amargas.
Algunas veces intercaladas.
Una dulce. Una amarga. Una dulce. Una amarga.
Otras veces
Dulce. Dulce. Dulce.
Amarga. Amarga. Amarga.
Como si fuera por racha.
Pero siempre la misma cantidad.
Exactamente la misma cantidad.
La cantidad precisa de todos los juegos de
polaridad.
Lo creado dibuja sus otros tantos tentáculos.
Divariando, para confundir al amigo.
Al amigo que es uno mismo.
Divariando, confundiendo al enemigo.

Al enemigo que es uno mismo.
Así me he entretenido en el tiempo.
Sí de nuevo, el tiempo.
Me he entretenido fuera del silencio.
Entre realidades de vidas fugaces.
Entre soledades.
Entre pensamientos.
Entre vacíos.
Acabando también estoy con el tiempo.
Mi tiempo.
Para entrar en otro tiempo.
A otro tempo.
Caminando con la luz en el túnel.
El túnel no tiene final.
Seguimos.
Hoy.
Mañana.
Pasado mañana.
Siempre el mañana es
en mayúsculas
cuando se convierte en el Hoy.
Solo cuando llega a su hoy.
Hoy
También…

Abro las piernas.
Soy mujer.

La realidad me arropa hasta durmiendo.
Transita su belleza colándose por las hendijas de
los poros.

Haciéndose sudor.
Haciéndose parte del aura.
Quedándose en el aura
Tocándome el alma.

Verme la mano me despertará del sueño.
Llámenme por el nombre que solo sabe quien me
ama.
No, no es el apodo. No.
El nombre por amor. El nombre con amor.
El nombre amor.
El nombre con que me agazaja en medio
de la quietud.
El nombre del bautizo que da permiso para
jugetear en el Jardin Perfumado.
Creo que solo él sabe este nombre.
Creo que quizás no lo reconozco si no lo oigo en su
voz.
Trata.
Trata.
Él.
Tú.
Tú eres otro él.
Yo soy tú.
Tú tienes su misma canción.
Mi canción.
El chiste debe ser que solo hay una sola canción.
Y nos creemos autores exclusivo
de la canción que en verdad es de todos.
Por eso te dije.
Somos todos más de lo mismo.

Creyendonos únicos.
Lo único solo estriba
en los niveles ascendentes de entrega.
Otorgados solo en el ámbito de la más alta de las
consciencias.

La cura esta siempre muy cerca.
Cerca, cerca. Cerquita.
Mi mamá repite lo que según ella, dijo Jesús.
Es que llamaron a Jesús a revivir a un muerto. Al
entrar a la casa lo primero que dijo fue: ¿muerto
aquí y salvia en la puerta?

Plenitud del vacío.
Espacio del tiempo.

Más allá del tiempo.
Después de las fronteras del último espacio.
Horizonte de los hechos.
Alla en Versica.
En la quietud.
Principio y fin.

Egoísta y honesta.
Preferible a
generosa y mentirosa.

"Si todo fuera como con el café.
No hubieran problemas.
Si está muy amargo se le echa azúcar.
Y si está muy dulce se le echa mas café".

El silencio de adentro todavía tiene muchos ecos.
Se queda en el dintel entreteniendo mi espera.

La misma muerte es un decir.
Si al final, nunca hemos nacido.

Hoy.
Soy el baile.
Música.
Bailadora.
Yo.

Josefina Báez (La Romana, República Dominicana/Nueva York)
Escritora, actriz, directora de teatro, educadora, devota. Alquimista de la Autología del Performance (proceso creativo basado en la sanidad físico-mental del hacedor). Fundadora y directora de Ay Ombe Theatre.

Como Uma

Josefina Báez

Traduçao: Marcio Abreu,
Com S. Regina Castro

Para meu Mestre Espiritual
Swami Guru Devanand Saraswati ji
Maharaj,
A minha família,
Ay Ombe,
os constantes,
e pra você.

Como Uma

Monólogo deste presente.
A poesia passeia pelas estações internas.
A morte se aproxima. Da vida. Os olhos olham
para dentro. Simples. Simplista. Conversa honesta
com a vulnerabilidade do cotidiano.
Canto particular.
Cantos de todos.
Cantos simples.

Como Uma

Como queira falam, Como queira dizem.
A mãe, a filha e o burro.
Faz muito sol, um sol que queima. A filha vai ao
lado da mãe e, a mãe vai ao lado do burro.
Faz muito sol, um sol que queima.
Elas caminham, caminham, caminham, caminham.
O burro trota.
Os três com a rapidez de um domingo.
Faz muito sol, um sol que queima.
E quem as vê, grita:
As mulheres não usam a cabeça.
Levam o burro como os brincos, que bobas.

Sobem as duas no burro.

Vão explorar esse pobre animal, exploradoras.

As mulheres, sim, são exploradoras.

A filha fica no lombo do burro. A mãe caminha ao lado. E os que criticam e não mantém, vaiam e vaiam para se fazer notar e anotar o conselho no pedido:

Essa mulher não sabe criar; essa mãe não está ensinando essa filha a ter respeito com os mais velhos, depois vai se arrepender, depois vai se queixar.

Faz muito sol. Um sol que queima.

Agora a mãe vai em cima do burro e a filha caminha ao lado.

E não são nem um nem dois, os que gritam a suposta despreocupação da mãe, o infanticídio.

Que espécie de mãe é essa?

Faz muito sol. Um sol que queima

A mãe, a filha e o burro seguem caminhando.

Um sol. Um sol que queima.

Como queiram, falem. Como queiram, digam.

Quando nasci, um conhecido disse:

Fêmea. Que pena!

Você acredita? Respondi.

Nessa mesma tarde pediam que todos os nascidos do mês de janeiro fossem registrados para uma experiência duvidosa e não necessária.

Só os machos.

O mesmo conhecido dizia à noite:
Que sorte tem a garotinha. Nasceu como a
abóbora.
Voce acredita?
Crescia. E com uma flor de abóbora na cabeça,
enfeitava os muitos rolinhos que faziam nos meus
cabelos.
Se não fosse esse cabelo crespo, seria uma
negrinha bonita.
Ataca de novo o conhecido.
Você acredita?
Nos meus dias e nas minhas noites, meus cabelos
ao natural,
e sem maldade,
nem a falta nenhuma
não acrescentam nem tiram beleza.
Assim me casei.
Felicitações. Que bom!
Me disse o conhecido.
Voce acredita?
Não terei filhos.
Ah, isso sim é uma calamidade.
Você acredita?
Ou morria no parto ou, aos 18 anos, ou o filho me
matava com a indiferença, com a violência da sua
juventude ou com os mandamentos de seu tempo.
Me divorciei.
Que pena! E´ preciso manter o matrimônio a
qualquer custo.
Me divorciei de um mentiroso, irresponsável,
infiel.

Então?   Você acredita?

Entendi.
Entendeu.
Se é que na verdade entendemos,
entendemos diferente.

A decisão estava sempre posando no teorema de
Godel e no efeito da borboleta.
Entre um sistema completo, mas inconsistente.
Ou um incompleto, mas constante.
Preferi o incompleto.
Preferi o constante.
É certo que uma borboleta que dançava em
Pengosekan, Bali, ajudava a minha reflexão, em
ritmo vital nos passos da minha dança.
Eu dançando aqui em Nova York.
Eu dançando lá em La Romana.
Eu dançando.
Eu.

Conversando com o céu, voava de uma vila a
outra.
Confirmava meus passos no caminho.
Alguma coisa que não fiz me concedeu a
experiência que não traz recordações.
Que não fica no passado.

Viagem sem amanhã.
Viagem sem ontem.
Alguma coisa que fiz me evitou seus limites.
Seus medos.
Tudo continuou igual.
Eu, eu estou me transformando.

Esta parte da história eu ouvi do meu Guru.

Um Mestre estava nas margens de um rio.
E viu que um escorpião estava se afogando.
Com a mão esquerda o levou até à margem.
E, no caminho até a margem, o escorpião o picou.
A surpresa e o incômodo da picada na mão faz com
que o escorpião caia na margem sem se machucar.
E volta ao rio. E volta a quase se afogar.
E volta o Mestre a salvá-lo. E ele volta e o pica.
E volta à margem.
E volta a quase se afogar.
E volta o Mestre a salvá-lo.
Isso se repetiu muitas vezes.
Tantas vezes que até mesmo o tempo parou para
contemplar o que acontecia.
E assim fizeram também outros seres que não se
vêem.
O sol,
a lua
e também as estrelas.

Um discípulo, incomodado de ver a reação do escorpião, perguntou ao Mestre por que continuava, em vão, a salvar essa criatura peçonhenta.

Picar é sua natureza.
E a minha é amar.

Se dissesse algo extra, falaria demais.

De qualquer forma, se não jogo, o jogo não existe.
Assim, fácil. Assim, contundente.

O mesmo que acontecia com a avó Cherokee acontecia comigo.
A força interna em seu jogo de dualidade multiplicava sua natureza por dentro. E por fora.
O joguinho da dualidade dividiu o oceano.
Bifurcou as águas.
Então havia dois lobos dentro de mim em plena luta.
Um negativo, com essas nomeações: inveja, raiva, pena, lamento, desejos, cobiça, arrogância, culpa, ressentimento, mentiras, falso orgulho, complexos de inferioridade, complexos de superioridade, ego, medos.

E outro positivo: alegria, harmonia, paz, amor,
serenidade, humildade, bondade, verdade,
benevolência, generosidade, verdade, compaixão,
fé, silêncio, plenitude.
Minha filha me perguntava quem é que vencia.
Querida menina, pedaço de céu,
mel dos meus dias, meu bem, prenda azul, Susu,
apenas venceu, vence e vencerá aquele que eu
alimentei, alimento e alimentarei.
Simples. Presente, passado, futuro simples.
Simples e simplesmente apenas ganha aquele a
quem nutro.
Vive só aquele que eu alimento.
Apenas existe aquele a quem dou vida.

A imensidade que é de dentro, para exercitá-la é
trabalho dos jardineiros, cosmonautas, poetas,
artesãos e ascetas.
Todos num único ser.
Tudo nessa única pesquisa.

Eu ando dengosa,
melosa.
Afetada.
Para o que der e vier.
Chegando ao nada.
Assim, tendo tudo.

Às vezes o melhor de mim tira o pior dos outros.
Assim parece. Assim pereço.
E nem sempre o pior de fora tira o melhor de
dentro de mim.
Diante de mim amamentaram os pequenos com as
frustrações, não apenas dos seus pais, mas de toda
a família, do bairro, da cidade, do país, de todo o
continente.
E o pequeno já trazia as suas. E se revelava.
Mas não é só com vômito e erupções que se tira
esse tipo de veneno. Então leva tooooda uma vida
procurando de onde veio, a que veio e para onde
vai.
Nos toma a vida toda antes que se cure.
E não sobra tempo para a busca vital.
Morrendo em cada tentativa.
Vivendo, fazendo o que não decidiu.

¿Quem decidiu por mim o que quero?
¿Meus gostos?
¿Quem?
¿O que criou meu discernimento?

Seria muito fácil encontrar tudo num livro,
na moda, na família, numas férias,
num só país, numa religião,
numa só vida.

Seria muito fácil tomar apenas um comprimido e
ficar curado;
Tomar banho e realmente ficar limpo.
Não apenas fácil.
Seria impossível.

E dentro, bem dentro
Uma palavra aperta o cinto para evitar que as
turbulências sejam acidentes fatais.
Todos os outros, são olhos de ciclone,
ou rajadas de furações.
Filhos naturais de desastres ambientais.
A mesma palavra agrupa a sinfonia necessária.
Caminhos que me levam a mim mesma.

Acendo em vida todas as velas de minha morte.
E todas as flores para esta alma já adornaram
meu corpo
e meu lar.

Saí ao seu encontro
para me distrair de um momento de solidão.
Preciso de algumas horas da sua companhia.
Para poder seguir sem você.
Faço minha, sua doce presença.
Brinco escondida comigo mesma.
Reencontrando-te.
Nessas poucas horas de você e eu.

Universos em cada instantes.
Descubro luas de três cores dentro de casa.
Amanhece e entardece.
As cores do céu também entraram dentro de casa.
Estes universos seguem se multiplicando.
Sorriem todas as fibras da sua alma.
E brilham seus olhos.
Co-alquimista desta intimidade
que se abraça de pétalas e suores.
A devoção a cada segundo faz com
que nenhum terceiro seja convidado à mesa.
Será apropriado dar-te graças, homem mel?

Renego apenas por ócio o que tenho no rim.

A alma me lembra de vestir-me apenas com o
delineador de olhos,
o mais preto possível.
Agora parecem amendoazinhas.
Sim, meus olhos parecem amendoazinhas.
Então, eu me vesti quando desenhei um par de
amendoazinhas nos olho.
Então,
Saí ao seu encontro ao sol.

Amor de longe...
Amor de
Três.

Amor de quatro.

Hoje eu quis cozinhar algo eu nunca havia
cozinhado; comer algo que nunca havia comido e
ouvir as canções que sei de memória.
Consegui uma canção que nunca havia escutado.
E preparei as verduras de sempre de forma
diferente.

Tudo ou quase tudo que me disseram era mentira.
Apenas repetições
das repetições
de outras repetições.
Cheias da ausência de vivência desses credos.
Repetições vazias.
No interior do tambor.
Repetições em automático.
Muito do que me ensinaram não se aplica.
Nunca levaram em consideração
Minha pequenina história pessoal.
Tudo o que eu experimentei me mostrou minhas
limitações e minhas grandes possibilidades.
Não há queixa.

Não houve, não há, e talvez não haverá
um problema na minha casa
que não se pôde evitar com o silêncio.

Não houve, não há, não haverá
um problema na minha casa
que não se possa evitar com o silêncio.
Se pode evitar com o silêncio.
Sim. Se pode.
O silêncio que não se deixa acompanhar do
sarcasmo feito canção.
Nem o silêncio que revira os olhos e banha de
ácido o pensamento.
Meu silêncio não é esse dedo que quer tapar o sol.
É esse dedo que lentamente desenha o sol nos
contornos de dentro.
E tricota as complexidades.
Borda,
brinca,
salta em ponto de cruz.
Primeiro mostrando-me os pontos de minha
responsabilidade no fato.
Sim, sim, sim as polaridades se tecem no silêncio.
A artesã é a que fala.
Sem esquivá-las.
Sem abusá-las.
Desfiando todo o gênero .
Seus patrões como labirintos.
Seus desenhos com toda a escala das cores,
sabores,
cheiros, dores.
Flores.
Com ou sem espinhos.
Dores.
Flores.

Convento com flores.
As minhas.
Desfolhadas apenas por um suspiro.
O meu.
Convento sem flores.
Justo o meu.
Recalcando-me minha sempre
cumplicidade em cada fato.
Dito.
Feito.
Por esta quem suspirou.
Gemendo.
Sem chorar.
Em nenhum vale de lágrimas
Justo numa esquina do labirinto.
Justo aí.
Advogada nossa.
Justo juiz.
Neste desterro de nosso tempo.
A outro idioma.
Lugar.
Com outro tempo.
Justo.
Justo noutro tempo.
Justo alfaiate.
No afamado
livre
arbítrio.

Sigo caminhando na vida acompanhada do
batalhão dos meus mortos.
Em vida morrendo-me.
Eles mortos em vida eterna.
Até um dia
Nem antes, nem depois
Até um dia.
Este dia.
No umbral de ilusão e verdade.
Meus filhos hoje choram minha morte.
Não se dão conta ainda de que hoje,
na verdade, nascem para suas vidas.
Hoje que falo e não me ouvem.
Hoje.
Eu, serena, em câmara-ardente,
Antes de arder e chegar rápido a cinzas.
Hoje.
Minha morte abre para os meus filhos
o horizonte de par em par.
Eu que tenho estado com eles desde outros tempos.
E sigo com eles.
Eles sem entender os tempos.
Os tempos feito ciclos.
Tempos cortados em migalhas.
Tempo que depois do tempo e ainda mais tempo.
Amaram cortando-se as asas.
Amaram vendo por meus olhos.
Deixando-se enredar por espelhos e reflexos de um
dito amor.
Um dito respeito.
Uma dita responsabilidade.

Que me tirou eu mesma de mim.
E eles deles mesmos.
Hoje serena noto.
Hoje.
Aqui horizontal desdobro-me verticalmente.
E não há forma de alterar o ciclo das repetições.
Ternura e afã, doce canto, regazo santo.
Reconheço que assim foi mais fácil.
A corrente te leva de ontem até hoje.
E se me descuido...
regressa-me outra vez ao ciclo mencionado.
E os cartões já imprimiram o que supostamente
tem que ser dito de pêsames.
E só aqui estando horizontalmente se concretizam
as dúvida
Ver a vida assim, toda feito razão, é coisa de morte.
O inevitável, o próprio horizonte, espera sempre
seu tempo.
E entrega a cada filho seu próprio ciclo.
Em pleno exercício do meu seguro de vida,
morro apenas seguro a morte.
Morro tranqüila de que nunca exigi devoção.
Morro sem mastigar culpabilidade nenhuma por
ter usado o verbo de deusa e tomado toda licença e
os benefícios correspondentes.
Ontem eu era má. Machorra. Mãe má.
Hoje nem má, nem mãe, nem nada.
Nada.
Choram.
Veja, choram.
Choram e não sabem por que.

Na verdade choram porque a mãe e pai perecem.
Desculpas. Desculpas.
Então sem remédio entram oficialmente no
Sempre.
E todo gozo é equiparado por sua responsabilidade
correspondente.
Sem que eu possa ser mais do que desvia a parte
mais aguda da flecha.
Era hoje...
Dia da minha morte,
que menos queria companhia.
Quando se acompanham os outros.
Seus sentimentos.
Seus medos.
Seus remorsos
Hoje com todos aqui.
Hoje por estarem todos aqui...
Seria mais difícil a primeira noite da morte.
Nessa solidão sem espera, sem a segurança de
ninguém.
No sempre antes e depois da vida.
Outra vida
Onde eu sou você.
E não há dualidade.
O mesma dualidade que nos deixou experimentar
o jogo aqui.
Agradecida com a oportunidade.
Mas aqui já parei.
O jogo na verdade é o mesmo com mais do mesmo.
Divertido.
Porém mais do mesmo.

Vou embora e fico no sempre.
Sem procurar imortalidade.
O olhar no depois é tardio.
Desnecessário.
Sobra.
No sempre somos um.
Então, certamente, sempre estamos só.
Hoje.
Na morte que acreditam ver.
Hoje que pertencem a suas vidas.
Meus filhos, hoje sem desculpas e apesar do
grande amor.
Vive-se vive tanto desde a morte.
No umbral de diferentes realidades.
Pauso e não me lembro de nada.
E a memória já cedeu ao turno de sua grande
possibilidade.
Aqui descubro cada segundo, como primeiro.
Extraordinário.
Como é na terra, é no céu.
Extraordinário caminhar sem o peso acostumado.
São tantos os mundos paralelos.

Fecha as pernas
que você é mulher.

Os ecos das cosquinhas são permanentes.
É que definitivamente o organismo tem o cósmico.
Aqui me tens.

Mergulhada no presente.
Satisfeita.
Eu sei dos limites do tempo.
E do espaço.
E depois dos limites que acreditava saber,
encontro mais tempo,
mais espaço.
Eu sei que tudo foi meu desejo.
Eu sei que criei tudo.
E o desejo apenas gera outro desejo.
Correntes pequenas doces que geram correntes
pequenas amargas.
Algumas vezes intercaladas.
Um doce.
Um Amargo.
Um doce. Um Amargo.
Doce. Doce. Doce.
Amargo. Amargo. Amargo.
Como se fosse com mare de azar.
Com mare de sorte.
Mas sempre a mesma quantidade.
Exatamente a mesma quantidade.
A quantidade precisa de todos os jogos da
polaridade.
E a coisa criada desenha seus tantos tentáculos.
Desvairando para confundir o amigo.
Ao amigo...
Ao amigo que é um mesmo um.
Desvairando, confundindo o inimigo.
Ao inimigo que é um mesmo um.
E assim passo o tempo.

Sim, novamente o tempo.
Tempo, tempo, tempo.
Tem
po!

Tenho me entretido fora do silêncio.
Entre realidade de vidas fugazes.
Entre solidões.
Entre pensamentos.
Entre vazios.
Também estou acabando com o tempo.
Meu tempo.
Para entrar em outro tempo.
Em outro um tempo.
Caminhando com a luz no túnel.
O túnel não tem final.
Seguimos.
Hoje.
Amanhã.
Depois de amanhã.
Amanhãs sempre se escreve com maiúsculas.
Quando se transforma em hoje.
Apenas quando chega o seu hoje.
Hoje.
Também...

Abro os pernas.
Eu sou mulher.

A realidade me desperta até quando durmo.
Transita sua beleza colando-se pelas
fendas dos poros.
Fazendo suor.
Fazendo parte da aura.
Ficando na aura.
Tocando-me a alma.
Ver minha mão me despertará do sonho.
Chamam-me pelo nome, o qual somente sabe quem
me ama.
O nome do amor.
O nome com amor.
O nome amor.
O nome com que me celebrava no meio da
quietude.
O nome de batizo que me permite brincar no
Jardim Perfumado.
Acredito que somente ele sabe este nome.
Acredito que talvez eu não o reconheça se eu não
ouvir sua voz.
Trata.
Trata.
Ele.
Você.
Você é outro ele.
Eu sou você.
Você tem sua própria canção.
Minha canção.
A brincadeira deve ser que só haja apenas uma
canção.

E acreditamos que somos os autores exclusivos,
da canção que, na verdade, é de todos.
Por isso te digo.
Somos todos mais o mesmo.
Acreditando que somos os únicos.
Os únicos escribas solitarios.
Nos níveis ascendentes de entrega.
Outorgados apenas no âmbito das mais altas das
consciências.

A cura está sempre muito próxima.
Perto, perto, pertíssimo.
Minha mãe repete o que, segundo ela, disse Jesus.
É que chamaram Jesus a ressuscitar um morto.
Ao entrar na casa, a primeira coisa que disse foi
Morto aqui e sálvia na porta?

Plenitude.
Plenitude do vazio.
Espaço do tempo.
Mas além do tempo.
Depois da fronteira do último espaço.
Horizontes dos feitos.
Lá em Versica.
Na quietude.
Princípio e fim.

Egoísta e honesta
preferível a
generosa e mentirosa.

Se tudo fosse como é com o café,
não haveria problemas.
Se está muito amargo colocamos mais açúcar.
Se está muito doce colocamos mais café.

O silêncio de dentro, entretanto, tem muitos ecos.
Fica no umbral entretendo minha espera.
A mesma morte é um dizer.
Se ao final...
nunca tivemos nascido.
Hoje eu sou a dança.
A música.
Dançarina.
Sou.

Josefina Baez (La Romana, Republica Dominicana/Nueva York)

Devota, actriz, escritora, Ay Ombe Theatre (desde abril 1986), creadora de la Autologia del performance©.

Marcio Abreu (Rio de Janeiro, Brasil)

Actor, director y dramaturgo. Fundador de la Companhia BRasileira de Teatro (2000)

S. Regina Lorenso (Belo Horizonte, Brazil, Austin, Texas)

Researcher, instructor of Portuguese language and Brazilian Culture, PhD in Literature and African Diaspora, UT Austin.

www.ingramcontent.com/pod-product-compliance
Lightning Source LLC
Chambersburg PA
CBHW060042050426
42448CB00012B/3103